LAR(

Salsas

Dirección editorial

Tomás García Cerezo

Editora responsable

Verónica Rico Mar

Coordinador de contenidos

Gustavo Romero Ramírez

Recetas

Véronique Montserrat Estremo Paredes

Asistencia editorial

Irving Sánchez Ruiz

Estilismo de recetas

Departamento de Gastronomía de Ediciones Larousse, excepto: págs. 12, 21, 22, 25 y 28 de Leticia Alexander; págs. 31, 32, 38, 44, 49, 50, 52, 54, 56 y 60 de Shutterstock.com

Fotografía

Alex Vera FotoGastronómica® (págs. 7, 9, 12, 15, 21, 22, 35, 37, 40, 42 y 46); Shutterstock.com (págs. 31, 32, 38, 44, 49, 50, 52, 54, 56 y 60); Archivo Ediciones Larousse (págs. 10, 17, 18 y 26); Vivian Bibliowicz (págs. 25 y 28); León Rafael (pág. 59)

Diseño y formación

Visión Tipográfica Editores, S.A. de C.V. / Rossana Treviño Tobías

Portada

Ediciones Larousse, S.A. de C.V., con la colaboración de Nice Montaño Kunze

Este libro se terminó de imprimir en abril de 2016 en los talleres de Litografía Gil S.A. Calle Tolteca No. 169 Col. Industrial San Pedro de los Pinos C.P. 01180, México D.F.

© 2016 Ediciones Larousse, S.A. de C.V.
Renacimiento #180, Colonia San Juan Tlihuaca,
Delegación Azcapotzalco, C.P. 02400, México, D.F.

ISBN 978-607-21-1182-0

Primera edición, marzo de 2016

LAROUSSE

101 RECETAS DE

Salsas

LAROUSSE

Presentación

En este libro encontrará 101 recetas de exquisitas salsas con las que podrá transformar cualquier comida, refrigerio, o hasta un postre, en una experiencia culinaria excepcional. A lo largo de las siguientes páginas descubrirá distintos tipos de salsas agrupadas en cinco secciones de acuerdo con su similitud entre ellas. Cada dos páginas encontrará entre 3 y 4 recetas con alguna característica en común, ya sea los ingredientes, un procedimiento o un uso similar.

En la primera sección hallará las típicas salsas de mesa o salsas picantes, que son un elemento distintivo, y en muchas ocasiones indispensable, de la cocina mexicana; por tanto, no es casualidad que abarquen en este libro una mayor cantidad de páginas con relación a otras salsas. Encontrará un gran abanico de salsas de mesa elaboradas tanto con chiles frescos como con chiles secos; salsas crudas, como guacamoles y picos de gallo, y salsas asadas o fritas, con las cuales podrá acompañar todo tipo de antojitos, caldos o sopas, huevos, carnes asadas, y en general, cualquier guiso casero.

La segunda sección, Caldillos, moles y adobos, le ofrece los procedimientos básicos para elaborar este tipo de preparaciones, de las cuales existen un sinfín de variantes; los caldillos son ideales como base para sopas o caldos, o para bañar tortitas, croquetas y chiles rellenos; y los moles y adobos, para acompañar aves, carne de cerdo y pescado.

La tercera sección agrupa las salsas clásicas, las cuales, en su mayoría, funcionan como base de otras salsas y tienen técnicas o procedimientos particulares; cualquier interesado en la cocina internacional debe conocer estas salsas. Consulte esta sección si desea potenciar y armonizar el sabor de todo tipo de carnes, aves, pescados y vegetales, o bien, para acompañar pastas, entre otras preparaciones.

Indispensables en la cocina, los aderezos y las vinagretas forman la cuarta sección. Estas salsas son muy sencillas y rápidas de elaborar, además de que admiten fácilmente un toque personal; son ideales para complementar todo tipo de ensaladas, sándwiches, pastas y botanas.

Finalmente, las salsas dulces son perfectas para resaltar el sabor de todo tipo de postres, por ejemplo: panqués, muffins, crepas, gelatinas, mousses, merengues y frutas frescas.

Estas 101 recetas de salsas le darán las herramientas necesarias para transformar sus comidas diarias en momentos placenteros, y consentirán su paladar y el de cualquier persona que pruebe sus suculentos platillos.

Contenido

1 Pico de gallo clásico

Rendimiento: 4 tazas

Ingredientes

❯ 3 tazas de jitomate guaje cortado en cubos chicos ❯ ⅓ de cebolla picada finamente ❯ ½ taza de cilantro picado finamente ❯ 2 chiles serranos picados finamente ❯ 2 cucharadas de jugo de limón ❯ sal al gusto

Procedimiento

Mezcle todos los ingredientes.

2 Pico de gallo con jícama y naranja

Rendimiento: 4 tazas

Ingredientes

❯ 2 tazas de jitomate guaje cortado en cubos chicos ❯ ⅓ de cebolla picada finamente ❯ ½ taza de cilantro picado finamente ❯ 2 chiles serranos picados finamente ❯ ½ taza de cubos pequeños de jícama ❯ ¼ de taza de apio picado ❯ ¼ de taza de jugo de naranja agria ❯ 1 cucharada de jugo de limón ❯ sal al gusto

Procedimiento

Mezcle todos los ingredientes.

3 Pico de gallo de toronja con aguacate

Rendimiento: 4 tazas

Ingredientes

❯ 8 supremas de toronja cortadas en cuatro ❯ 1 taza de jícama cortada en cubos pequeños ❯ 1 taza de cubos pequeños de pepino ❯ 1 taza de pulpa de aguacate cor-

tada en cubos ◗ ⅓ taza de cebolla morada picada ◗ ½ taza de hojas de hierbabuena picadas finamente ◗ 1 chile jalapeño picado finamente ◗ 2 cucharadas de jugo
de limón ◗ sal al gusto

Procedimiento
Mezcle todos los ingredientes.

4 *Pico de gallo con tomate*
y chile habanero

Rendimiento: 3 tazas

Ingredientes
◗ 5 supremas de naranja cortadas en tres ◗ 1 taza de tomate verde picado ◗ ½ taza
de cebolla morada picada finamente ◗ 3 rábanos picados finamente ◗ 2 chiles habaneros sin semillas ni venas, picados finamente ◗ ½ taza de cilantro picado ◗ ¼ de
taza de jugo de naranja ◗ 1 cucharada de jugo de limón ◗ sal y pimienta al gusto

Procedimiento
Mezcle todos los ingredientes.

5 Guacamole clásico

Rendimiento: 4 tazas

Ingredientes

◗ la pulpa de 3 aguacates Hass cortada en cubos ◗ 1 jitomate picado ◗ ½ cebolla picada finamente ◗ ½ taza de cilantro picado finamente ◗ 3 chiles serranos picados finamente ◗ 1 cucharada de jugo de limón (opcional) ◗ sal al gusto

Procedimiento

Machaque los cubos de aguacate con un tenedor hasta que obtenga la consistencia deseada: una textura martajada o un puré terso y suave. Agregue el resto de los ingredientes y mézclelos bien.

6 Guacamole con xoconostle o tomate verde

Rendimiento: 4 tazas

Ingredientes

◗ la pulpa de 3 aguacates Hass cortada en cubos ◗ la pulpa de 2 xoconostles cortada en cubos chicos o 2 tomates verdes cortados en cubos chicos ◗ ½ cebolla picada finamente ◗ ½ taza de cilantro picado finamente ◗ 2 chiles de árbol frescos picados finamente ◗ ¼ de taza de crema ◗ sal al gusto

Procedimiento

Siga el procedimiento de la receta **5**.

7 Guacamole de tres quesos

Rendimiento: 4 tazas

Ingredientes

◗ la pulpa de 2 aguacates Hass ◗ ¼ de taza de queso crema a temperatura ambiente ◗ 1 jitomate picado ◗ ¼ de cebolla morada picada ◗ 3 chiles serranos picados finamente ◗ sal y pimienta al gusto ◗ 2 cucharadas de queso de cabra ◗ ¼ de taza de cubos de queso Oaxaca

Procedimiento

Siga el procedimiento de la receta **5** sin mezclar el queso de cabra y el queso Oaxaca; decore con ellos el guacamole.

8 *Guacamole con chapulines y queso fresco*

Rendimiento: 3 tazas

Ingredientes

◗ la pulpa de 2 aguacates Hass ◗ ¼ de cebolla picada ◗ 2 chiles jalapeños picados finamente ◗ 1 cucharada de jugo de limón ◗ 4 hojas de aguacate secas molidas ◗ sal al gusto ◗ ½ taza de chapulines ◗ ½ taza de queso de rancho cortado en cubos

Procedimiento

Siga el procedimiento de la receta **5** sin mezclar los chapulines ni el queso de rancho; decore con ellos el guacamole.

9 Salsa de chile habanero

Rendimiento: 1 taza

Ingredientes

▶ 3 chiles habaneros asados, verdes y naranjas ▶ 1 cucharadita de sal ▶ ½ taza de jugo de naranja ▶ ¼ de taza de jugo de limón

Procedimiento

Coloque los chiles habaneros con todo y semillas en un molcajete, agregue la sal y macháquelos hasta obtener una consistencia martajada. Añada el jugo de naranja y el de limón y mezcle bien. Rectifique la cantidad de sal.

10 Chiltomate

Rendimiento: 1 taza

Ingredientes

▶ 3 jitomates guajes enteros ▶ ½ cebolla troceada ▶ 2 chiles habaneros ▶ sal al gusto

Procedimiento

Ase los tres primeros ingredientes hasta que se ennegrezcan. Pele los jitomates y lícuelos con la cebolla hasta obtener una salsa espesa. Cuele la salsa, añada los chiles habaneros enteros y póngala a hervir durante 10 minutos o hasta que la salsa espese ligeramente. Agregue sal al gusto.

11 Salsa xnipec

Rendimiento: 2 tazas

Ingredientes

▶ 2 jitomates cortados en cubos ▶ ½ cebolla morada picada finamente ▶ 1 chile habanero sin semillas ni venas, picado finamente ▶ 3 cucharadas de jugo de naranja ▶ el jugo de 1 limón ▶ 2 cucharadas de cilantro picado ▶ sal al gusto

Procedimiento

Mezcle todos los ingredientes y deje reposar la salsa durante 30 minutos antes de consumirla.

12 Salpicón

Rendimiento: ⅔ de taza

Ingredientes

▶ ½ cebolla morada picada finamente ▶ 2 chiles habaneros sin semillas ni venas, picados finamente ▶ 4 rábanos picados finamente ▶ 3 cucharadas de cilantro picado ▶ ¼ de cucharadita de orégano seco ▶ 3 cucharadas de jugo de naranja ▶ el jugo de 1 limón ▶ sal al gusto

Procedimiento

Siga el procedimiento de la receta **11**.

13 *Salsa roja*

Rendimiento: 2 tazas

Ingredientes

▷ 4 jitomates guaje ▷ 2 chiles verdes (serranos, jalapeños o de árbol) ▷ ½ cebolla ▷ 1 diente de ajo ▷ sal al gusto

Procedimiento

Hierva en una olla todos los ingredientes durante 10 minutos y lícuelos, agregándoles un poco del agua de cocción sólo si fuera necesario. Rectifique la cantidad de sal.

14 *Salsa de uña*

Rendimiento: 3 tazas

Ingredientes

▶ 4 jitomates guaje ▶ ½ taza de tomatillos o 2 tomates verdes ▶ ½ taza de chiles verdes ▶ ½ cebolla ▶ 1 diente de ajo ▶ ½ taza de cilantro ▶ el jugo de 1 naranja ▶ 2 cucharaditas de orégano seco en polvo ▶ sal al gusto

Procedimiento

Pique finamente los jitomates, los tomatillos o tomates verdes, los chiles verdes, la cebolla, el ajo y el cilantro. Mézclelos con el resto de los ingredientes.

15 *Salsa de chile chipotle adobado*

Rendimiento: 2 tazas

Ingredientes

▶ 2 jitomates guaje ▶ ¼ de cebolla ▶ 4 chiles chipotles adobados ▶ ½ cucharadita de semillas de comino ▶ ½ cucharadita de orégano seco ▶ ½ cucharadita de jengibre en polvo ▶ las hojas de 3 ramas de tomillo seco ▶ sal al gusto

Procedimiento

Hierva en agua los jitomates con la cebolla durante 5 minutos y lícuelos con el resto de los ingredientes.

16 *Salsa ranchera*

Rendimiento: 3 tazas

Ingredientes

▶ 5 chiles serranos ▶ ¼ de cebolla ▶ 6 jitomates guaje ▶ 5 ramas de cilantro picado ▶ sal al gusto

Procedimiento

Martaje en un molcajete los chiles serranos con la cebolla. Añada los jitomates y martájelos hasta que obtenga una salsa con textura. Agregue el cilantro y sal al gusto.

17 Salsa ranchera frita

Rendimiento: 3 tazas

Ingredientes

▶ 5 jitomates guaje asados ▶ 3 chiles de árbol frescos ▶ ¼ de cebolla troceada, asada ▶ 1 diente de ajo asado ▶ 2 cucharadas de aceite ▶ 3 ramas de cilantro picadas ▶ sal al gusto

Procedimiento

Hierva en agua los jitomates con los chiles y la cebolla durante 5 minutos y lícuelos con el diente de ajo. Caliente en un sartén el aceite y vierta allí el molido de jitomate. Cueza la salsa durante 5 minutos y agregue sal al gusto.

18 Salsa taquera

Rendimiento: 2½ tazas

Ingredientes

▶ 2 cucharadas de aceite ▶ 10 chiles de árbol secos ▶ 6 tomates verdes troceados ▶ 2 dientes de ajo ▶ ⅓ de taza de agua ▶ sal al gusto

Procedimiento

Fría en un sartén con el aceite los chiles de árbol sin quemarlos. Agregue al sartén los tomates y los dientes de ajo; cuézalos durante 5 minutos. Añada el agua y deje que todo hierva durante un par de minutos. Licue los ingredientes con sal al gusto.

19 Salsa roja asada

Rendimiento: 3 tazas

Ingredientes

▶ 2 dientes de ajo asados ▶ ¼ de cebolla troceada, asada ▶ 5 chiles de árbol frescos o secos, asados ▶ 3 jitomates guaje asados ▶ 3 ramas de cilantro picadas ▶ sal al gusto

Procedimiento

Martaje en un molcajete los dientes de ajo con la cebolla. Añada los chiles, martájelos y, finalmente, agregue los jitomates. Continúe martajando hasta que obtenga una salsa con textura. Añada el cilantro y sal al gusto.

20 Salsa martajada de chile piquín

Rendimiento: 1 taza

Ingredientes

▷ 2 dientes de ajo asados ▷ 2 cucharadas de chiles piquín asados ▷ 1 jitomate guaje asado ▷ sal al gusto

Procedimiento

Martaje en un molcajete los dientes de ajo con los chiles piquín. Añada el jitomate y martájelo. Agregue agua si lo considera necesario, y sal al gusto.

21 Salsa picante de ajonjolí

Rendimiento: ¾ de taza

Ingredientes

❱ ½ taza de chiles de árbol secos ❱ 1 diente de ajo ❱ 1 cucharada de vinagre de manzana ❱ 2 clavos ❱ 1 cucharadita de mejorana seca ❱ 1 cucharadita de orégano seco ❱ ¼ de cucharadita de jengibre en polvo ❱ 2 cucharadas de ajonjolí tostado ❱ sal al gusto

Procedimiento

Hidrate en agua caliente los chiles durante 15 minutos. Escúrralos y lícuelos con el resto de los ingredientes utilizando el agua del remojo de los chiles en caso de ser necesario.

22 Salsa picante de cacahuate

Rendimiento: 1½ tazas

Ingredientes

❱ 8 chiles de árbol frescos ❱ 8 chiles de árbol secos ❱ 3 dientes de ajo ❱ ½ cebolla ❱ ¼ de taza de vinagre blanco ❱ ½ taza de cacahuates sin sal ❱ 4 cucharadas de crema de cacahuate ❱ sal y pimienta al gusto

Procedimiento

Hierva en una olla con agua los chiles, los dientes de ajo y la cebolla durante 10 minutos. Licue los ingredientes con 1 taza del líquido de cocción y con el resto de los ingredientes hasta obtener una salsa tersa.

23 Salsa picante de nuez

Rendimiento: 3 tazas

Ingredientes

❱ 4 chiles morita sin semillas ni venas ❱ 2 chiles guajillo sin semillas ni venas ❱ 2 jitomates ❱ ¼ de cebolla ❱ 1 diente de ajo ❱ 1 taza de nueces ❱ 1 taza de Fondo de pollo (ver pág. 62) ❱ sal al gusto

Procedimiento

Siga el procedimiento de la receta **21**.

24 *Salsa de chiltepín con cacahuate*

Rendimiento: 1½ tazas

Ingredientes

▶ 1 taza de cacahuetes tostados, sin sal ▶ 5 chiles chiltepín o piquín ▶ 1 diente de ajo ▶ ½ taza de Fondo de pollo (ver pág. 62) o de agua ▶ sal al gusto

Procedimiento

Licue todos los ingredientes hasta obtener una salsa tersa.

25 Salsa verde cruda

Rendimiento: 2 tazas

Ingredientes

▶ 6 tomates verdes ▶ ½ cebolla troceada ▶ 2 dientes de ajo ▶ 4 ramas de cilantro ▶ 2 ramas de epazote ▶ 4 chiles serranos sin semillas ni venas ▶ sal al gusto

Procedimiento

Trocee los tomates y licue todos los ingredientes hasta obtener una salsa con textura, o una salsa tersa.

26 Salsa verde con aguacate

Rendimiento: 3 tazas

Ingredientes

▶ 6 tomates verdes ▶ ½ cebolla troceada ▶ 2 dientes de ajo ▶ 4 ramas de cilantro ▶ 2 ramas de epazote ▶ 4 chiles serranos sin semillas ni venas ▶ sal al gusto ▶ la pulpa de 2 aguacates Hass cortada en cubos y machacada

Procedimiento

Siga el procedimiento de la receta **25** sin licuar la pulpa de aguacate, sino mezclándola en la salsa al final.

27 Salsa verde con semillas de calabaza

Rendimiento: 2 tazas

Ingredientes

▶ 5 tomates verdes ▶ ¼ de cebolla troceada ▶ 1 diente de ajo ▶ 2 cucharadas de semillas de calabaza ▶ 2 ramas de cilantro ▶ 1 chile de árbol fresco ▶ sal al gusto

Procedimiento

Siga el procedimiento de la receta **25**.

28 Salsa verde con chile manzano

Rendimiento: 2 tazas

Ingredientes

▶ 6 tomates verdes ▶ 3 chiles manzanos ▶ 2 dientes de ajo ▶ 2 cucharadas de agua ▶ sal al gusto

Procedimiento

Ase los tomates, los chiles manzanos y los dientes de ajo. Retire las semillas a los chiles y lícuelos con todos los ingredientes.

29 Salsa con tomatillos y chile de árbol

Rendimiento: 2 tazas

Ingredientes

▶ 6 chiles de árbol secos ▶ ¼ de taza de aceite ▶ 2 dientes de ajo asados + 1 crudo ▶ 1¼ tazas de tomatillos o de miltomates asados ▶ ½ taza de agua ▶ ¼ de cebolla picada finamente ▶ sal al gusto

Procedimiento

Fría los chiles en el aceite sin quemarlos. Martaje en un molcajete los dientes de ajo, y después, los tomatillos o miltomates. Añada el agua, la cebolla y sal al gusto.

30 Salsa verde con nopales

Rendimiento: 3 tazas

Ingredientes

▶ 2 nopales asados, troceados ▶ 2 tomates verdes asados y troceados + 3 crudos, picados finamente ▶ 1 jitomate picado finamente ▶ 2 chiles serranos picados finamente ▶ ¼ de cebolla picada finamente ▶ 1 diente de ajo picado finamente ▶ 2 cucharadas de cilantro picado finamente ▶ el jugo de 1½ limones ▶ sal y pimienta al gusto

Procedimiento

Mezcle todos los ingredientes.

31 Salsa verde asada

Rendimiento: 2 tazas

Ingredientes

▶ 10 tomates verdes asados ▶ ¼ de cebolla asada ▶ 4 chiles serranos sin semillas ni venas asados ▶ 1 diente de ajo (opcional) asado ▶ 5 ramas de cilantro picado ▶ sal al gusto

Procedimiento

Licue o martaje todos los ingredientes, excepto el cilantro, hasta obtener una salsa con textura, o una salsa tersa. Añada el cilantro.

32) *Salsa de chile poblano con aguacate*

Rendimiento: 2 tazas

Ingredientes

▶ 2 chiles poblanos ▶ 3 tomates asados ▶ ½ cebolla troceada asada ▶ 1 diente de ajo asado ▶ 4 ramas de cilantro ▶ la pulpa de 1 aguacate ▶ ½ taza de Fondo de pollo (ver pág. 62) ▶ ¼ de cucharadita de comino molido ▶ sal al gusto

Procedimiento

Ase al fuego directo los chiles poblanos hasta que se ennegrezcan por completo. Déjelos sudar y retíreles la piel, las semillas y las venas. Licue los chiles poblanos con el resto de los ingredientes hasta obtener una salsa homogénea.

33 · Salsa de chile pasilla

Rendimiento: 2½ tazas

Ingredientes

▶ 4 chiles pasilla ▶ 2 chiles anchos ▶ 2 jitomates ▶ ¼ de cebolla ▶ 1 diente de ajo ▶ ¾ de taza de Fondo de pollo (ver pág. 62) ▶ 1 cucharada de aceite ▶ sal al gusto

Procedimiento

Ase los chiles, los jitomates y la cebolla. Hidrate los chiles en agua caliente durante 15 minutos y retíreles las semillas y las venas. Licue los ingredientes con el fondo de pollo hasta obtener una salsa homogénea y tersa. Caliente el aceite en un sartén sobre el fuego y cocine en él la salsa durante 5 minutos; añada sal al gusto.

34 · Salsa de chiles secos

Rendimiento: 3 tazas

Ingredientes

▶ ½ taza de chiles cascabel ▶ 2 chiles guajillo ▶ 4 chiles de árbol secos ▶ 1 raja de canela asada ▶ 2 pimientas gordas asadas ▶ 2 clavos asados ▶ ½ cebolla troceada

2 dientes de ajo ◗ 1 taza de vinagre de manzana ◗ ¼ de cucharadita de comino molido ◗ 1 cucharadita de orégano seco ◗ sal al gusto

Procedimiento

Ase los chiles cascabel, guajillo y de árbol. Hidrátelos en agua caliente durante 15 minutos y retíreles las semillas y las venas. Lícuelos o martájelos en un molcajete con el resto de los ingredientes hasta obtener una salsa martajada, o tersa.

35 *Salsa borracha*

Rendimiento: 2 tazas

Ingredientes

◗ 5 chiles pasilla ◗ 3 tomates verdes ◗ ½ cebolla ◗ 1 cucharadita de sal de grano ◗ 3 cucharadas de agua ◗ 3 cucharadas de tequila ◗ 3 cucharadas de pulque blanco ◗ ½ taza de cerveza ◗ 100 g de queso añejo o de queso fresco, desmoronado

Procedimiento

Ase los chiles, los tomates y la cebolla. Hidrate los chiles en agua caliente durante 15 minutos y retíreles las semillas y las venas. Licue los ingredientes con la sal de grano, el agua, el tequila y el pulque. Sirva la salsa en una salsera e incorpórele el resto de los ingredientes. Consuma esta salsa en el transcurso de 2 días.

36 *Salsa macha*

Rendimiento: 1 taza

Ingredientes

◗ ¼ de taza de aceite ◗ 1 taza de chiles cascabel ◗ 1 taza de chiles morita ◗ sal al gusto

Procedimiento

Fría en el aceite los chiles hasta que se doren ligeramente. Martájelos en un molcajete junto con el aceite en el que se frieron y añada sal al gusto.

37 Caldillo de jitomate

Rendimiento: 3 tazas

Ingredientes

▶ 5 jitomates ▶ ¼ de cebolla ▶ 1 diente de ajo ▶ 1 cucharada de aceite ▶ 3 ramas de tomillo ▶ 1 hoja de laurel ▶ 1 taza de Fondo de pollo (ver pág. 62) o de agua ▶ sal al gusto

Procedimiento

Hierva en agua los jitomates, la cebolla y el diente de ajo durante 10 minutos. Retíreles la piel a los jitomates y lícuelos con la cebolla y el ajo hasta obtener una salsa homogénea. Caliente el aceite en una cacerola sobre el fuego y vierta en ella el molido de jitomate. Añada las ramas de tomillo, la hoja de laurel y sal al gusto. Deje que se cocine durante 3 minutos o hasta que reduzca un poco; agregue el fondo de pollo o el agua y deje que el caldillo hierva durante un par de minutos. Rectifique la cantidad de sal.

38 Caldillo de jitomate con chile ancho

Rendimiento: 6 tazas

Ingredientes

▶ 4 chiles anchos sin semillas ni venas ▶ 4 jitomates ▶ 2 dientes de ajo ▶ ½ cebolla ▶ 1 cucharadita de canela molida ▶ 2 clavos ▶ 2 pizcas de pimienta negra molida ▶ sal al gusto ▶ 2 cucharadas de aceite ▶ 3 tazas de Fondo de pollo (ver pág. 62)

Procedimiento

Ase en un comal los chiles anchos y los jitomates. Hidrate los chiles en agua caliente durante 15 minutos y retíreles la piel a los jitomates. Licue los chiles y los jitomates con el resto de los ingredientes, excepto el aceite y el fondo de pollo, hasta obtener una salsa tersa. Caliente el aceite en una cacerola sobre el fuego y cocine en ella el molido de jitomate durante 3 minutos. Añada el fondo de pollo y deje que el caldillo hierva a fuego bajo durante 10 minutos. Rectifique la cantidad de sal.

Caldillo de tomate

Rendimiento: 4 tazas

Ingredientes

▶ 10 tomates verdes ▶ 5 chiles serranos ▶ ¼ de taza de cebolla ▶ ½ taza de cilantro ▶ 1 cucharada de aceite ▶ 1 taza de Fondo de pollo (ver pág. 62) o agua ▶ sal al gusto

Procedimiento

Licue todos los ingredientes excepto el aceite y el fondo de pollo. Caliente el aceite en una cacerola sobre el fuego y cocine en ella el molido de tomate durante 3 minutos o hasta que se reduzca un poco; agregue el fondo de pollo o el agua y deje que el caldillo hierva durante un par de minutos. Rectifique la cantidad de sal.

Pipián verde

Rendimiento: 4 tazas

Ingredientes

▶ 1 taza de semillas de calabaza ▶ 2 cucharadas de ajonjolí ▶ 8 tomates verdes ▶ 4 chiles serranos sin venas ni semillas ▶ 1 diente de ajo ▶ 2 tazas de Fondo de pollo (ver pág. 62) ▶ 3 ramas de cilantro ▶ 3 hojas santa ▶ 1 cucharada de manteca de cerdo o de aceite ▶ sal al gusto

Procedimiento

Tueste en un sartén o comal las semillas de calabaza y de ajonjolí. Licue los tomates con los chiles serranos, el diente de ajo y la mitad del fondo de pollo hasta obtener una salsa homogénea. Licue las semillas de calabaza y de ajonjolí con las ramas de cilantro, las hojas santa y el resto del fondo de pollo. Caliente la manteca o el aceite en una cazuela sobre el fuego y cocine en ella el molido de semillas con hierbas durante 5 minutos. Añada el molido de tomate y sal al gusto. Baje la intensidad del fuego y deje que el pipián se cueza a fuego bajo entre 20 y 30 minutos, moviéndolo constantemente. Rectifique la cantidad de sal.

41 *Mole verde*

Rendimiento: 6 tazas

Ingredientes

▶ ½ taza de semillas de calabaza ▶ 4 cucharadas de ajonjolí ▶ ¼ de taza de cacahuates ▶ 3 tazas de Fondo de pollo (ver pág. 62) ▶ 2 dientes de ajo asados ▶ 10 tomates verdes ▶ 4 chiles serranos sin venas ni semillas ▶ ½ cebolla ▶ 4 hojas de lechuga ▶ 10 hojas de rábano ▶ 2 clavos ▶ 5 pimientas negras ▶ 1 raja de canela ▶ 2 cucharadas de manteca de cerdo o de aceite ▶ las hojas de 2 ramas de epazote ▶ 6 ramas de perejil ▶ 6 ramas de cilantro ▶ 2 hojas santa ▶ sal al gusto

Procedimiento

Tueste las semillas de calabaza, el ajonjolí y los cacahuates; licue estos ingredientes con ½ taza de fondo de pollo y reserve el molido. Licue los dientes de ajo, los tomates, los chiles, la cebolla, las hojas de lechuga y de rábano, las especias y ½ taza de fondo de pollo hasta que obtenga una salsa tersa. Caliente el aceite o la manteca en una cazuela sobre el fuego y cocine en ella el molido de semillas durante 3 minutos, moviéndolo constantemente. Añada el molido de tomate y deje que el mole se cocine a fuego bajo durante 15 minutos, moviéndolo constantemente. Licue las hojas de epazote con el perejil, el cilantro, las hojas santa, el resto de fondo de pollo y sal al gusto hasta obtener un molido homogéneo. Agréguelo al mole y deje que se cueza, moviéndolo constantemente, durante 10 minutos más o hasta que se espese ligeramente. Rectifique la cantidad de sal.

Adobo de tres chiles

Rendimiento: 2 tazas

Ingredientes

❯ 2 chiles pasilla sin semillas ni venas ❯ 2 chiles guajillo sin semillas ni venas ❯ 2 chiles anchos sin semillas ni venas ❯ 1 jitomate ❯ 1 diente de ajo ❯ ½ cebolla ❯ 1 clavo ❯ 1 raja de canela ❯ ½ cucharadita de orégano seco ❯ ¼ de cucharadita de comino molido ❯ ¼ de taza de vinagre de manzana ❯ 1 cucharadita de azúcar mascabado ❯ 1 cucharada de aceite ❯ sal al gusto

Procedimiento

Ase los chiles hasta que se doren ligeramente e hidrátelos en agua caliente durante 10 minutos. Ase también los jitomates, el diente de ajo y la cebolla. Retire la piel a los jitomates. Licue los ingredientes asados con el resto de los ingredientes, excepto el aceite y la sal, hasta obtener una salsa homogénea, añadiendo un poco de agua si fuera necesario. Caliente el aceite en una olla sobre el fuego y cocine el adobo durante 15 minutos a partir de que hierva o hasta que se reduzca y tenga una consistencia espesa. Añada sal al gusto.

43 Adobo para pescado

Rendimiento: 2 tazas

Ingredientes

❱ 8 chiles guajillo sin semillas ni venas ❱ ½ jitomate asado ❱ 2 dientes de ajo asados ❱ ½ cebolla asada ❱ 3 pimientas gordas ❱ 1 cucharada de una mezcla de hojas de orégano, tomillo y mejorana secas ❱ 2 cucharadas de vinagre de manzana ❱ sal al gusto

Procedimiento

Ase los chiles hasta que se doren ligeramente e hidrátelos en agua caliente durante 10 minutos. Retire la piel a los jitomates asados y licúelos con todos los ingredientes hasta obtener una salsa homogénea, añadiendo un poco de agua si fuera necesario.

Para emplear este adobo, marine en él trozos de pescado,
y después cocínelos a su gusto.

44 Salsa BBQ con mango y chipotle

Rendimiento: 2 tazas

Ingredientes

❱ 1 cucharada de aceite ❱ 2 dientes de ajo picados ❱ ¼ de taza de cebolla picada ❱ ½ taza de azúcar mascabado ❱ 1 taza de puré de tomate ❱ ¼ de taza de vinagre de manzana ❱ ¼ de taza de chile chipotle adobado molido ❱ 1 cucharada de la receta **62** ❱ ¼ de cucharadita de sal ❱ la pulpa molida de ½ mango

Procedimiento

Caliente el aceite en un sartén sobre el fuego y sofría en él el ajo y la cebolla durante un par de minutos. Añada el resto de los ingredientes, excepto la pulpa de mango. Reduzca el fuego, mezcle bien la salsa y continúe la cocción, mezclándola ocasionalmente, entre 10 y 15 minutos o hasta que obtenga una salsa espesa y brillante. Fuera del fuego, incorpore la pulpa de mango y rectifique la cantidad de sal y de picante.

45 Mantequilla nantesa

Rendimiento: 1 taza

Ingredientes

▶ 3 cucharadas de vinagre de vino blanco ▶ 1 taza de vino blanco seco ▶ 2 chalotas picadas finamente ▶ ¾ de taza de cubos de mantequilla ▶ sal y pimienta blanca al gusto

Procedimiento

Reduzca sobre el fuego todos los ingredientes, excepto la mantequilla, la sal y la pimienta hasta que obtenga ¼ de su volumen inicial. Ponga sobre el fuego una olla con agua. Coloque la preparación anterior en un tazón que pueda poner sobre la olla, sin que toque el agua. Cuando hierva el agua de la olla, coloque el tazón y añada poco a poco los cubos de mantequilla, batiendo constantemente, hasta obtener una salsa homogénea. Retire la salsa de la olla y añada sal y pimienta blanca al gusto.

46 Mantequilla bearnesa

Rendimiento: ¾ de taza

Ingredientes

▶ ¼ de taza de vinagre de Jerez ▶ 2 cucharadas de chalotas picadas ▶ 1 cucharada de alcaparras picadas ▶ 2 yemas ▶ 1 cucharada de jugo de limón ▶ 1 cucharada de agua ▶ ½ taza de cubos de mantequilla ▶ 1 cucharada de estragón picado ▶ sal y pimienta blanca al gusto

Procedimiento

Reduzca sobre el fuego el vinagre de Jerez con las chalotas y las alcaparras hasta que obtenga ¼ de su volumen inicial. Ponga sobre el fuego una olla con agua. Coloque las yemas, el jugo de limón y el agua en un tazón que pueda poner sobre la olla, sin que toque el agua. Cuando hierva el agua de la olla, coloque el tazón encima y, con un batidor globo, bata la mezcla durante 3 minutos o hasta que el volumen inicial se triplique. Incorpore la mantequilla y la reducción de vinagre de Jerez. Fuera del fuego, agregue el estragón y sal y pimienta blanca al gusto.

47 *Salsa holandesa*

Rendimiento: ½ taza

Ingredientes
1 yema ❱ 1 cucharada de agua ❱ ⅓ de taza de mantequilla clarificada, tibia ❱ el jugo de ½ limón ❱ sal y pimienta blanca al gusto

Procedimiento
Ponga sobre el fuego una olla con agua. Coloque la yema y la cucharada de agua en un tazón que pueda poner sobre la olla, sin que toque el agua. Cuando hierva el agua de la olla, coloque el tazón encima y, con un batidor globo, bata durante 3 minutos o hasta que el volumen inicial se triplique. Retire el tazón de la olla. Agregue poco a poco la mantequilla al batido, sin dejar de batir, hasta que la salsa tenga una consistencia espesa y tersa. Incorpore el jugo de limón, sal y pimienta blanca al gusto.

48 salsa bechamel

Rendimiento: 1 taza

Ingredientes

❱ 1 cucharada de mantequilla ❱ 1½ cucharadas de harina de trigo ❱ 1 taza de leche caliente ❱ 1 pizca de nuez moscada ❱ sal y pimienta blanca al gusto

Procedimiento

Derrita la mantequilla en una cacerola sobre el fuego y agréguele poco a poco la harina con un batidor globo. Baje el fuego y, sin dejar de batir, continúe la cocción durante 10 minutos sin que la preparación se dore. Retírela del fuego y déjela entibiar. Regrese la preparación al fuego y añádale poco a poco la leche caliente, batiéndola constantemente para evitar que se formen grumos. Deje hervir la salsa, sin dejar de batirla, durante 5 minutos o hasta que se espese. Retírela del fuego y agréguele la nuez moscada y sal y pimienta blanca al gusto.

49 salsa de tres quesos

Rendimiento: 2½ tazas

Ingredientes

❱ 2 tazas de la receta **48** ❱ ¼ de taza de una mezcla de quesos *gruyère* y parmesano rallados ❱ 1 cucharada de queso azul desmoronado ❱ c/s de leche ❱ sal y pimienta blanca al gusto

Procedimiento

Ponga la salsa bechamel sobre el fuego e incorpórele los quesos con un batidor globo, sin que hierva, hasta que se hayan desecho. Fuera del fuego, aligere la salsa con un poco de leche y añádale sal y pimienta al gusto.

50 Salsa aurora

Rendimiento: 1¼ tazas

Ingredientes

▶ 2 cucharadas de mantequilla ▶ 3 cucharadas de harina de trigo ▶ 2 tazas de Fondo de pollo (ver pág. 62), caliente ▶ 1 pizca de pimienta de Cayena ▶ 2 cucharadas de pasta de tomate o de concentrado de jitomate ▶ sal al gusto

Procedimiento

Derrita la mantequilla en una cacerola y agréguele poco a poco la harina con un batidor globo. Baje el fuego y, sin dejar de batir, continúe la cocción durante 10 minutos sin que la preparación se dore. Retírela del fuego y déjela entibiar. Regrese la preparación al fuego y añádale poco a poco el fondo de pollo, batiéndola constantemente para evitar que se formen grumos. Deje hervir la salsa, sin dejar de batirla, durante 5 minutos o hasta que se espese. Fuera del fuego, incorpórele la pimienta de Cayena, la pasta o el concentrado de jitomate y sal al gusto.

51 Salsa cremosa de mostaza

Rendimiento: 1 taza

Ingredientes

▶ 1 ½ cucharadas de mantequilla ▶ 2½ chalotas picadas ▶ 2½ cucharadas de mostaza de Dijon ▶ ⅔ de taza de vino blanco ▶ ⅓ de taza de Fondo de pollo (ver pág. 62) ▶ 1 taza de la receta **48** ▶ sal y pimienta blanca al gusto

Procedimiento

Derrita en una olla sobre fuego medio la mantequilla y sofría en ella las chalotas picadas durante 1 minuto. Añada la mostaza de Dijon, el vino blanco y el fondo de pollo. Mezcle bien y deje reducir la preparación a ⅓ de su volumen inicial. Vierta la salsa bechamel y deje reducir la salsa hasta obtener la consistencia deseada. Salpimiente al gusto.

52 Salsa española

Rendimiento: 2½ tazas

Ingredientes

❯ ¼ de taza de mantequilla ❯ ½ taza de poro fileteado ❯ 1 zanahoria troceada ❯ 1 rama de apio de 10 cm troceada ❯ 100 g de tocino picado (opcional) ❯ ¼ de taza de harina de trigo ❯ 1 ℓ de Fondo oscuro de res (ver pág. 62), caliente ❯ ¼ de taza de puré de tomate ❯ 2 dientes de ajo ❯ ½ cucharadita de pimientas negras enteras ❯ 1 Ramillete de hierbas (ver pág. 62) ❯ sal al gusto

Procedimiento

Sofría en la mantequilla el poro, la zanahoria, el apio y el tocino hasta que estén ligeramente dorados. Espolvoree la harina sobre las verduras; baje el fuego y cocine la preparación, moviéndola constantemente, hasta que la harina se dore ligeramente. Agregue poco a poco el fondo oscuro de res sin dejarlo de mezclar para evitar que se formen grumos. Añada el resto de los ingredientes, suba el fuego a media intensidad y deje que la preparación hierva durante 15 minutos. Reduzca nuevamente la intensidad del fuego y continúe la cocción 45 minutos más o hasta que ⅓ del líquido se haya reducido. Cuele la salsa a través de una manta de cielo y añada sal al gusto.

53 Salsa genovesa

Rendimiento: 2½ tazas

Ingredientes

❯ 1 taza de cubos de mantequilla ❯ ½ taza de poro fileteado ❯ 1 zanahoria troceada ❯ 1 rama de apio de 10 cm troceada ❯ 100 g de tocino picado (opcional) ❯ 500 g de trozos de cabeza y huesos de pescado ❯ 2 tazas de vino tinto ❯ 2 tazas de la receta **52** ❯ 1⅓ tazas de *Fumet* de pescado (ver pág. 62) ❯ 1 cucharadita de sal ❯ 1 Ramillete de hierbas (ver pág. 62)

Procedimiento

Sofría en una olla con ¼ de taza de mantequilla el poro, la zanahoria, el apio y el tocino durante 10 minutos o hasta que estén ligeramente dorados. Añada los trozos de cabeza y huesos de pescado, tape la olla y cocine la preparación durante 20 minutos. Vierta el vino tinto, la salsa española, el *fumet*, la sal y el ramillete de hierbas; deje que la preparación hierva a fuego bajo durante 30 minutos o hasta que el líquido se haya reducido a la mitad. Cuele la salsa, viértala en una olla limpia, colóquela sobre fuego medio e incorpórele paulatinamente los cubos de mantequilla restantes hasta obtener una salsa brillante. Deje reducir la salsa durante 10 minutos más o hasta que obtenga la consistencia deseada.

54) *Salsa de pimienta*

Rendimiento: 2½ tazas

Ingredientes

▶ ¾ de taza de cubos de mantequilla ▶ ½ taza de poro fileteado ▶ 1 zanahoria troceada ▶ 1 rama de apio de 10 cm troceada ▶ 100 g de tocino picado (opcional) ▶ 2 tazas de vino blanco seco ▶ 2 tazas de la receta **52** ▶ 1⅓ tazas de Fondo de pollo (ver pág. 62) ▶ 1 cucharadita de sal ▶ 1 cucharada de pimientas negras enteras ▶ 1 Ramillete de hierbas (ver pág. 62) ▶ ½ taza de cubos de mantequilla

Procedimiento

Sofría en una olla con ¼ de taza de mantequilla el poro, la zanahoria, el apio y el tocino durante 10 minutos o hasta que estén ligeramente dorados. Vierta el vino blanco, la salsa española, el fondo de pollo, la sal, las pimientas y el ramillete de hierbas; deje que hierva a fuego bajo durante 30 minutos o hasta que el líquido se haya reducido a la mitad. Cuele la salsa, viértala en una olla limpia, colóquela sobre fuego medio e incorpórele paulatinamente los cubos de mantequilla restantes hasta obtener una salsa brillante. Deje reducir la salsa durante 10 minutos más o hasta que obtenga la consistencia deseada.

55 Salsa demiglace

Rendimiento: 2 tazas

Ingredientes
▶ 2 tazas de la receta **52**, con tocino ▶ ½ taza de Fondo oscuro de res (ver pág. 62), concentrado ▶ ¼ de taza de vino de Madeira ▶ sal y pimienta al gusto

Procedimiento
Reduzca sobre el fuego la salsa española a la mitad en una olla de fondo grueso. Incorpórele el fondo oscuro de res y continúe la cocción durante 10 minutos más. Fuera del fuego, integre a la salsa el vino de Madeira y sal y pimienta al gusto.

56 Salsa de oporto

Rendimiento: 1 taza

Ingredientes
▶ 2 tazas de la receta **55** ▶ ¼ de taza de vino de Oporto ▶ 2 cucharadas de mantequilla ▶ sal y pimienta al gusto

Procedimiento
Reduzca sobre el fuego a dos terceras partes la salsa *demiglace* en una olla de fondo grueso. Fuera del fuego, integre el vino de Oporto, la mantequilla y, si fuera necesario, sal y pimienta al gusto.

57 Salsa italiana

Rendimiento: 2 tazas

Ingredientes
▶ 1 cucharada de mantequilla ▶ 1 chalota picada finamente ▶ 2 tazas de champiñones picados finamente ▶ ½ taza de vino blanco ▶ 2 cucharadas de puré de tomate ▶ 1 taza de la receta **55** ▶ 2 cucharadas de perejil picado ▶ sal y pimienta al gusto

Procedimiento

Sofría en la mantequilla la chalota durante 2 minutos. Añada los champiñones y cocínelos, moviéndolos ocasionalmente, durante 20 minutos o hasta que se haya evaporado todo el líquido que hayan soltado. Vierta el vino blanco y deje que se reduzca a la mitad. Añada el puré de tomate y la salsa *demiglace*. Deje hervir la salsa durante 5 minutos más. Fuera del fuego, incorpore el perejil picado y rectifique la cantidad de sal y de pimienta.

58 *Salsa de mostaza*

Rendimiento: 1 taza

Ingredientes

❱ 1 cucharada de mantequilla ❱ ¼ de cebolla picada finamente ❱ 1 Ramillete de hierbas (ver pág. 62) ❱ ½ taza de vino blanco ❱ 1 taza de la receta **55** ❱ 2 cucharadas de mostaza de Dijon ❱ 2 cucharadas de mantequilla ❱ ½ cucharadita de jugo de limón ❱ sal al gusto

Procedimiento

Rehogue en mantequilla la cebolla con el ramillete de hierbas y sal al gusto hasta que la cebolla esté suave y ligeramente dorada. Agregue el vino blanco y déjelo reducir casi por completo. Vierta la salsa *demiglace* y continúe la cocción hasta que la preparación se haya reducido a ⅓ de su volumen inicial. Fuera del fuego, retire el ramillete de hierbas de la salsa e incorpórele la mostaza de Dijon y la mantequilla. Finalmente, añádale el jugo de limón y verifique la cantidad de sal.

Rendimiento: 5 tazas

Ingredientes

▶ ½ cebolla picada ▶ 2 dientes de ajo picados ▶ 3 cucharadas de aceite ▶ 1 taza de cubos pequeños de zanahoria ▶ ½ taza de apio picado ▶ 4 cucharadas de perejil picado ▶ 500 gramos de una mezcla de carne molida de res y de cerdo ▶ 3 tazas de la receta **60** ▶ 1 taza de Fondo oscuro de res (ver pág. 62) ▶ sal y pimienta al gusto

Procedimiento

Sofría la cebolla y el ajo con el aceite en una olla sobre el fuego. Añada los cubos de zanahoria y el apio; continúe la cocción, mezclando ocasionalmente, durante 10 minutos. Incorpore el perejil y la carne. Cocine la preparación, mezclándola ocasionalmente, hasta que se dore ligeramente. Añádale la salsa de jitomate y el fondo oscuro de res, y continúe la cocción durante 10 minutos más. Agregue sal y pimienta al gusto.

60 Salsa de jitomate

Rendimiento: 4 tazas

Ingredientes

▶ 2 cucharadas de mantequilla ▶ 3 rebanadas de tocino ahumado cortado en tiras de ½ cm de grosor ▶ 1 zanahoria troceada ▶ ⅓ de taza de cebolla troceada ▶ 2 cucharadas de pasta de tomate ▶ 1 kg de jitomates picados ▶ 6 dientes de ajo picados ▶ 1 ramillete de hierbas elaborado con tomillo, mejorana y romero ▶ c/s de agua ▶ 2 pizcas de azúcar ▶ sal y pimienta al gusto

Procedimiento

Sofría en la mantequilla el tocino, la zanahoria y la cebolla durante 10 minutos, sin que se doren. Agregue la pasta de tomate y continúe la cocción durante 10 minutos más. Añada el jitomate picado, los dientes de ajo y el ramillete de hierbas; baje el fuego y cueza la salsa, mezclándola ocasionalmente, durante 1 hora o hasta que obtenga una salsa espesa; agregue un par de cucharadas de agua cada que la salsa se espese demasiado. Fuera del fuego, incorpore el azúcar y sal y pimienta al gusto. Cuele la salsa a través de un colador.

61 Salsa de jitomate para pasta

Rendimiento: 3 tazas

Ingredientes

▶ 8 jitomates picados ▶ 1 zanahoria picada ▶ ⅓ de cebolla picada ▶ 2 ramas de apio picadas ▶ ¼ de taza de aceite de oliva ▶ 2 cucharadas de hojas de albahaca picadas ▶ sal y pimienta al gusto

Procedimiento

Coloque en una olla los jitomates, la zanahoria, la cebolla y el apio, tápela y cocine a fuego medio bajo entre 35 y 40 minutos o hasta que obtenga una consistencia de puré grumoso. Pase los ingredientes a través de un colador de malla gruesa y vierta lo obtenido en una olla limpia sobre el fuego. Añada a la salsa sal y pimienta al gusto y el aceite de oliva. Cocínela durante 5 minutos, retírela del fuego y agregue la albahaca.

62 Salsa tipo inglesa

Rendimiento: 1½ tazas

Ingredientes

▶ ½ cucharadita de pimienta negra molida ▶ ¼ de cucharadita de canela molida ▶ ¼ de cucharadita de clavo molido ▶ ¼ de cucharadita de cardamomo molido ▶ ¼ de cucharadita de semillas de mostaza ▶ ¼ de taza de vinagre blanco ▶ ¼ de taza de vinagre de manzana ▶ 2 cucharadas de jarabe de piloncillo ▶ 2 cucharadas de salsa de pescado ▶ 1 cucharada de pasta de tamarindo ▶ ½ cucharada de salsa de soya ▶ ½ cucharadita de cebolla deshidratada ▶ 1 chalota picada finamente ▶ 1 cucharada de aceite de oliva ▶ 1 diente de ajo picado finamente ▶ ½ cucharadita de jengibre fresco rallado ▶ 4 filetes de anchoa picados ▶ el jugo de ½ limón

Procedimiento

Tueste las especias y las semillas de mostaza. Mezcle los vinagres con el jarabe de piloncillo, la salsa de pescado, la pasta de tamarindo, la salsa de soya y la cebolla deshidratada. Sofría la chalota con el aceite durante 1 minuto. Agregue el ajo, el jengibre, las especias tostadas y los filetes de anchoa. Vierta la mezcla de vinagres, mezcle y reduzca el fuego. Deje hervir la salsa durante 1 minuto. Deje enfriar por completo la salsa, cuélela e incorpórele el jugo de limón. Viértala en un frasco con tapa y consérvela en refrigeración hasta por 2 meses.

63) *Salsa botanera picante*

Rendimiento: ½ taza

Ingredientes

❯ 2 tazas de chiles de árbol secos, sin semillas ni venas ❯ 1 taza de agua ❯ ¾ de cucharada de sal ❯ 1 cucharada de azúcar mascabado ❯ ½ taza de vinagre blanco

Procedimiento

Tueste ligeramente los chiles de árbol secos y hiérvalos con el agua durante 10 minutos. Lícuelos con 4 cucharadas del líquido en el cual hirvieron, la sal y el azúcar mascabado hasta obtener una salsa homogénea. Cuélela, mézclela con el vinagre blanco y déjela reducir sobre el fuego, moviéndola ocasionalmente, durante 5 minutos o hasta que obtenga la consistencia deseada.

64) *Salsa para alitas*

Rendimiento: 2 tazas

Ingredientes

❯ 2 cucharadas de mantequilla + ⅓ de taza ❯ 1 diente de ajo picado finamente ❯ ⅛ de cebolla picada finamente ❯ ½ rama de apio picada finamente ❯ 2 cucharadas de azúcar mascabado ❯ ¼ de taza de puré de tomate ❯ 1 cucharadita de la receta **63**, o al gusto ❯ ¼ de cucharadita de chile en polvo ❯ ¼ de cucharadita de sal ❯ ¼ de cucharadita de orégano seco

Procedimiento

Sofría en las 2 cucharadas de mantequilla el ajo, la cebolla y el apio durante 5 minutos. Añada la mantequilla restante y el azúcar mascabado y mezcle bien hasta que esta última se disuelva. Añádale el puré de tomate y la salsa botanera picante; mezcle bien, baje la intensidad del fuego y deje que hierva durante 2 minutos. Cuele la salsa e incorpórele el chile en polvo, la sal y el orégano.

65 Salsa kung pao

Rendimiento: 1 taza

Ingredientes

▶ ½ taza de Fondo de pollo (ver pág. 62) ▶ 3 cucharadas de salsa de soya ▶ 2 cucharadas de vino de arroz ▶ 3 cucharadas de vinagre de arroz ▶ 2 cucharadas de azúcar ▶ 2 cucharadas de salsa *hoisin* ▶ 1 cucharadita de hojuelas de chile de árbol seco ▶ ½ cucharadita de jengibre fresco rallado ▶ ¼ de cucharadita de ajo en polvo ▶ ¼ de cucharadita de cebolla en polvo ▶ 1 cucharada de fécula de maíz disuelta en 1 cucharada de agua ▶ 2 cucharadas de cacahuates tostados y troceados

Procedimiento

Hierva en una olla el fondo de pollo y añádale todos los ingredientes, excepto los cacahuates. Retire la salsa del fuego cuando se haya espesado e incorpórele los cacahuates.

66 Salsa agridulce

Rendimiento: 1¼ tazas

Ingredientes

▶ 4 cucharaditas de fécula de maíz ▶ 2 cucharadas de agua ▶ ⅓ de taza de vinagre de manzana ▶ ½ taza de azúcar ▶ ¼ de taza de salsa de soya ▶ 1½ cucharadas de vinagre de arroz ▶ 2 cucharadas de mirin ▶ 2 cucharadas de sake

Procedimiento

Disuelva la fécula de maíz en el agua. Hierva el resto de los ingredientes en un sartén y añada la fécula disuelta; mézclela bien y deje hervir la salsa, moviendo ocasionalmente, entre 15 y 20 minutos o hasta que obtenga una salsa ligeramente espesa y brillante.

67 *Salsa teriyaki*

Rendimiento: ⅔ de taza

Ingredientes

▶ 2 cucharaditas de fécula de maíz ▶ 2 cucharadas de agua ▶ 2 cucharadas de azúcar ▶ ¼ de taza de salsa de soya ▶ ¼ de taza de mirin

Procedimiento

Siga el procedimiento de la receta **66** disminuyendo el tiempo de cocción a 10 minutos.

68 *Salsa tonkatsu*

Rendimiento: ⅓ de taza

Ingredientes

▶ 1½ cucharadas de la receta **62** ▶ 1 cucharada de salsa de soya ▶ 1 cucharadita de mirin ▶ 4 cucharaditas de azúcar ▶ 2 cucharadas de salsa cátsup ▶ ¼ de cucharadita de mostaza en polvo o 1 cucharadita de mostaza de Dijon

Procedimiento

Mezcle bien los primeros cuatro ingredientes hasta que el azúcar se disuelva, y añada los ingredientes restantes.

69 Vinagreta cremosa de mostaza y miel

Rendimiento: ½ taza

Ingredientes
❱ 1 cucharada de mostaza de Dijon ❱ 1 yema ❱ 2 cucharadas de miel de abeja ❱ sal y pimienta al gusto ❱ 2½ cucharadas de aceite de oliva ❱ 1½ cucharadas de vinagre de vino blanco ❱ c/s de agua

Procedimiento
Mezcle los cuatro primeros ingredientes. Añada el aceite de oliva, mezclando constantemente, hasta obtener una emulsión. Incorpore el vinagre y, si fuera necesario, un poco de agua para aligerar la vinagreta.

70 Vinagreta de limón

Rendimiento: ½ taza

Ingredientes

▶ 2 cucharadas de jugo de limón ▶ ½ cucharadita de azúcar ▶ 1 cucharadita de orégano seco molido (opcional) ▶ ½ cucharadita de jengibre fresco rallado (opcional) ▶
sal y pimienta al gusto ▶ ¼ de taza de aceite de oliva

Procedimiento

Mezcle todos los ingredientes, excepto el aceite de oliva, hasta que el azúcar se
disuelva. Añada poco a poco el aceite, mezclando constantemente con un batidor globo, hasta obtener una emulsión.

71 Vinagreta de cítricos con hierbas

Rendimiento: ½ taza

Ingredientes

▶ ½ cucharada de jugo de limón ▶ ½ cucharadita de hojas de tomillo fresco ▶ 1 cucharada de jugo de mandarina o de naranja ▶ 1 cucharada de jugo de toronja ▶ 2
cucharaditas de una mezcla de hojas de albahaca y mejorana picadas finamente ▶
sal y pimienta al gusto ▶ ¼ de taza de aceite de oliva

Procedimiento

Mezcle todos los ingredientes, excepto el aceite de oliva, hasta que la sal se disuelva. Añada poco a poco el aceite, mezclando constantemente con un batidor
globo, hasta obtener una emulsión.

72 Vinagreta de balsámico

Rendimiento: ⅔ de taza

Ingredientes

▶ 3 cucharadas de vinagre balsámico ▶ 1 cucharadita de miel de abeja ▶ 1 cucharadita de chalota picada finamente ▶ sal y pimienta al gusto ▶ ½ taza de aceite de oliva

Procedimiento

Siga el procedimiento de la receta **71**.

Aderezo César

Rendimiento: 1½ tazas

Ingredientes

❯ 5 filetes de anchoa picados finamente ❯ 2 cucharaditas de ajo picado finamente ❯ 2 yemas ❯ 3 cucharadas de jugo de limón ❯ ½ cucharadita de la receta **62** ❯ 1 cucharada de mostaza de Dijon ❯ ¼ de cucharadita de hojuelas de chile de árbol seco ❯ 1 taza de aceite de oliva ❯ ¼ de taza de queso parmesano rallado ❯ sal y pimienta al gusto

Procedimiento

Coloque los filetes de anchoa y los dientes de ajo sobre una tabla para picar y, con uno de los lados de la navaja de un cuchillo chef, aplástelos hasta obtener

una pasta. Bata las yemas en un tazón pequeño hasta que se blanqueen ligeramente. Agregue la pasta de anchoa con ajo, el jugo de limón, la salsa tipo inglesa, la mostaza y las hojuelas de chile seco y mezcle bien. Incorpore poco a poco el aceite de oliva, batiendo constantemente con un batidor globo hasta obtener una emulsión. Mezcle el queso parmesano rallado, pruebe el aderezo y salpimiente al gusto.

74 Aderezo ranch con tocino

Rendimiento: 1 taza

Ingredientes

▶ ½ taza de crema ▶ ¼ de taza de mayonesa ▶ 2 cucharadas de perejil picado ▶ 1 cucharada de cebollín picado ▶ 1 cucharada de vinagre de manzana ▶ 1 diente de ajo picado finamente ▶ 2 cucharadas de cubos pequeños de tocino fritos ▶ 1 cucharadita de la receta **63** ▶ sal y pimienta al gusto

Procedimiento

Mezcle todos los ingredientes hasta que obtenga una preparación homogénea.

75 Aderezo de cilantro con yogur

Rendimiento: 1 taza

Ingredientes

▶ ½ taza de yogur natural sin azúcar ▶ la pulpa de 1 aguacate ▶ 1 taza de hojas de cilantro ▶ ¼ de taza de hojas de hierbabuena ▶ 1 diente de ajo ▶ 1 cebolla cambray sin rabo ▶ el jugo de 2 limones ▶ cantidad suficiente de leche (opcional) ▶ sal y pimienta blanca al gusto

Procedimiento

Licue todos los ingredientes hasta que obtenga una preparación homogénea y cremosa; añada la leche sólo si lo considera indispensable para licuar bien.

76 Mayonesa

Rendimiento: 1 taza

Ingredientes

◗ 1 yema ◗ 1 cucharadita de mostaza de Dijon ◗ ¾ de taza de aceite de girasol o de canola ◗ el jugo de 1 limón ◗ sal y pimienta al gusto

Procedimiento

Bata en un tazón la yema con la mostaza y sal y pimienta al gusto hasta que duplique su volumen. Vierta el aceite poco a poco, batiendo constantemente, hasta obtener una emulsión. Incorpore el jugo de limón y rectifique la cantidad de sal y de pimienta.

Para variar el sabor, añada 1 cucharada de la hierba aromática fresca de su preferencia, o bien, añada ½ diente de ajo picado o de chalota picado finamente.

77 Mayonesa de chipotle

Rendimiento: 1⅓ tazas

Ingredientes

◗ 2 chiles chipotles adobados ◗ ⅓ de taza de crema ◗ 1 taza de la receta **76** ◗ sal y pimienta al gusto

Procedimiento

Licue los chiles con la crema y mézclelos con la mayonesa. Rectifique la cantidad de sal y de pimienta.

78 Alioli

Rendimiento: 1 taza

Ingredientes

◗ 2 dientes de ajo picados ◗ 2 yemas ◗ 1 cucharadita de mostaza de Dijon ◗ 1 taza de aceite de oliva extra virgen ◗ 1 cucharada de jugo de limón ◗ sal y pimienta al gusto

Procedimiento

Haga puré los dientes de ajo en un mortero. Siga el procedimiento de la receta **76**, añadiendo el puré de ajo a las yemas cuando las bata.

79 *Salsa tártara*

Rendimiento: 1⅓ tazas

Ingredientes

❱ 1 taza de la receta **76** ❱ 2 cucharadas de pepinillos picados finamente ❱ 1 cucharada de alcaparras picadas finamente ❱ 1 cucharada de perejil picado finamente ❱ 1 cucharadita de estragón fresco, picado finamente ❱ ½ cucharadita de jugo de limón

Procedimiento

Mezcle la mayonesa con el resto de los ingredientes.

80 Pesto

Rendimiento: 1 taza

Ingredientes

▶ 1 diente de ajo picado ▶ ⅓ de taza de piñones ▶ 2 tazas de hojas de albahaca frescas ▶ ½ taza de aceite de oliva ▶ ½ taza de queso parmesano rallado ▶ sal al gusto

Procedimiento

Triture en un procesador de alimentos el ajo con los piñones y sal al gusto. Añada las hojas de albahaca y encienda el procesador durante algunos segundos. Incorpore lentamente el aceite de oliva con el procesador encendido; muela hasta que obtenga una pasta espesa y tersa. Vierta la preparación en un tazón, agregue el queso parmesano rallado y mezcle bien. Rectifique la cantidad de sal.

81 Pesto de jitomate deshidratado

Rendimiento: 1⅓ tazas

Ingredientes

▶ 1 diente de ajo picado ▶ 2 cucharadas de piñones ▶ 2 cucharadas de hojas de albahaca o de orégano frescos ▶ 1 cucharada de vinagre blanco ▶ 2 cucharadas de queso parmesano rallado ▶ ½ taza de jitomates deshidratados, en aceite ▶ ½ taza de aceite de oliva ▶ 2 cucharadas de queso de cabra ▶ sal al gusto

Procedimiento

Triture en un procesador de alimentos, paulatinamente y en tandas, todos los ingredientes, excepto el aceite de oliva y el queso de cabra. Incorpore lentamente el aceite de oliva con el procesador encendido; muela hasta que obtenga una pasta espesa y tersa. Vierta la preparación en un tazón, agregue el queso de cabra y mezcle bien. Rectifique la cantidad de sal.

82 *Pesto de arúgula y nuez*

Rendimiento: 1 taza

Ingredientes

▶ 1 diente de ajo picado ▶ ½ taza de nueces ▶ ¼ de taza de hojas de albahaca frescas ▶ 1½ tazas de arúgula *baby* ▶ ½ taza de aceite de oliva ▶ ½ taza de queso parmesano rallado ▶ sal al gusto

Procedimiento

Triture en un procesador de alimentos, paulatinamente y en tandas, todos los ingredientes, excepto el aceite de oliva y el queso parmesano. Incorpore lentamente el aceite de oliva con el procesador encendido; muela hasta que obtenga una pasta espesa y tersa. Vierta la preparación en un tazón, agregue el queso y rectifique la cantidad de sal.

83 *Chimichurri*

Rendimiento: 2 tazas

Ingredientes

▶ ¼ de taza de hojas de perejil picadas finamente ▶ 2 cucharadas de hojas de orégano fresco picadas ▶ 2 dientes de ajo picados finamente ▶ 1 taza de aceite de oliva ▶ ½ taza de vinagre de vino tinto ▶ 1 cucharadita de hojuelas de chile de árbol seco ▶ sal al gusto

Procedimiento

Mezcle todos los ingredientes.

Salsa cátsup

Rendimiento: 1½ tazas

Ingredientes

❱ 3 cucharadas de vinagre de manzana ❱ 6 pimientas negras ❱ 3 pimientas gordas ❱ 2 clavos ❱ ¼ de cucharadita de semillas de mostaza ❱ ¼ de cucharadita de semillas de cilantro ❱ 1 hoja de laurel ❱ ⅛ de cebolla ❱ 1 rama de apio de 5 cm troceada ❱ 1 diente de ajo troceado ❱ ½ zanahoria troceada ❱ 8 jitomates ❱ ½ taza de puré de tomate ❱ ¼ de cucharadita de páprika ❱ 1 cucharadita de sal ❱ 2 cucharadas de azúcar mascabado ❱ 1 cucharadita de fécula de maíz disuelta en 1 cucharada de agua

Procedimiento

Hierva durante 5 minutos el vinagre de manzana con las especias, las semillas y la hoja de laurel; deje enfriar y reserve. Hierva durante 1 minuto, en suficiente agua, la cebolla con el apio, el ajo, la zanahoria y los jitomates. Saque los jitomates del agua, retíreles la piel, trocéelos y regréselos a la olla. Baje el fuego y

cueza los ingredientes, presionando ocasionalmente los jitomates, durante 30 minutos. Licue los ingredientes hasta obtener una salsa homogénea; pásela a través de un colador de malla fina y colóquela sobre el fuego. Cuele el vinagre con las especias y añádalo a la salsa junto con el puré de tomate, la páprika, la sal y el azúcar mascabado; mezcle bien. Cuando hierva la salsa, baje el fuego y déjela reducir, moviéndola ocasionalmente durante 5 minutos; agregue la fécula y continúe la cocción, moviendo constantemente, durante 10 minutos.

Salsa cátsup picante

Rendimiento: 1¾ tazas

Ingredientes

◗ ¼ de taza de chiles chipotle adobados ◗ 2 pizcas de comino molido ◗ el jugo de ½ limón ◗ 1½ tazas de la receta **84**

Procedimiento

Licue los chiles con el comino y el jugo de limón; mézclelos con la salsa cátsup.

86 *Salsa cátsup con jengibre y albahaca*

Rendimiento: 1½ tazas

Ingredientes

◗ 1½ cucharadas de hojas de albahaca picadas ◗ 1½ cucharaditas de jengibre fresco rallado ◗ 1½ cucharaditas de salsa de soya ◗ jugo de limón al gusto ◗ 1½ tazas de la receta **84**

Procedimiento

Mezcle todos los ingredientes.

87 *Salsa cátsup rápida*

Rendimiento: 1½ tazas

Ingredientes

◗ ½ kg de jitomates enlatados, drenados ◗ 1 cucharada de aceite ◗ 1 cucharadita de vinagre de manzana ◗ 1 cucharada de azúcar mascabado ◗ ⅛ de cucharadita de mostaza en polvo ◗ ⅛ de cucharadita de ajo en polvo ◗ 2 pizcas de páprika ◗ sal y pimienta al gusto

Procedimiento

Licue los jitomates hasta hacerlos puré. Ponga el aceite en una olla sobre el fuego y cueza en ella el puré de jitomate durante 10 minutos o hasta que se espese. Cuando se haya entibiado el puré de jitomate, mézclelo con el resto de los ingredientes.

88 Crema inglesa

Rendimiento: ¾ de taza

Ingredientes

❱ 1 taza de leche ❱ 1 vaina de vainilla abierta por la mitad a lo largo ❱ 3 cucharadas de azúcar + ¼ de taza ❱ 2 yemas

Procedimiento

Caliente en una olla la leche con la vaina de vainilla y las 3 cucharadas de azúcar sin que hierva. Bata las yemas con el resto del azúcar hasta que se blanqueen y esponjen. Vierta ⅓ de la leche caliente sobre las yemas y mézclelas rápidamente. Regrese esta mezcla al resto de la leche caliente, sin dejar de batir. Cueza la crema a fuego medio, moviéndola constantemente, entre 10 y 15 minutos o hasta que se espese ligeramente y cubra el dorso de una cuchara. Cuele la crema y enfríela dentro de un recipiente con hielos y agua. Consérvela tapada con plástico autoadherible en refrigeración hasta por 3 días.

89 Crema inglesa con cítricos

Rendimiento: 1¼ tazas

Ingredientes

❱ 1 taza de leche ❱ ½ taza de crema para batir ❱ la cáscara de ½ limón o de ½ naranja ❱ 1 raja de canela de 10 cm ❱ 3 cucharadas de azúcar + ¼ de taza ❱ 2 yemas

Procedimiento

Siga el procedimiento de la receta **88**, calentando la crema para batir y las cáscaras del cítrico junto con la leche, y sustituyendo la vaina de vainilla por la raja de canela.

90 Crema inglesa de chocolate

Rendimiento: 1¼ tazas

Ingredientes

❯ 1 taza de leche ❯ 1 vaina de vainilla abierta por la mitad a lo largo ❯ ¼ de taza de chocolate semiamargo picado ❯ 2 yemas ❯ 3 cucharadas de azúcar

Procedimiento

Caliente en una olla la leche con la vaina de vainilla y el chocolate, sin que hierva, hasta que el chocolate se derrita. Bata las yemas con el azúcar hasta se blanqueen y esponjen. Vierta ⅓ de la leche caliente sobre las yemas y mézclelas rápidamente. Regrese esta mezcla al resto de la leche caliente, sin dejar de batir. Cueza la crema a fuego medio, moviéndola constantemente, entre 10 y 15 minutos o hasta que se espese ligeramente y cubra el dorso de una cuchara. Cuele la crema y enfríela dentro de un recipiente con hielos y agua. Consérvala tapada con plástico autoadherible en refrigeración hasta por 3 días.

91 Crema inglesa de café

Rendimiento: 1 taza

Ingredientes

❯ 1 taza de crema para batir ❯ 1 vaina de vainilla abierta por la mitad a lo largo ❯ 3 cucharadas de azúcar + ¼ de taza ❯ 2 yemas ❯ 1 cucharadita de café instantáneo en polvo ❯ 1½ cucharaditas de granos de café, molido grueso

Procedimiento

Siga el procedimiento de la receta **88**, empleando la crema para batir en lugar de la leche. Añada el café instantáneo y los granos molidos de café después de colar la crema.

Rendimiento: 1 taza

Ingredientes

▶ ¼ de taza de frambuesas ▶ ¼ de taza de zarzamoras ▶ ¼ de taza de fresas troceadas ▶ ¼ de taza de moras azules ▶ ¼ de taza de azúcar ▶ 1 cucharada de jugo de limón

Procedimiento

Licue todos los ingredientes hasta obtener una salsa homogénea y tersa. Cuélela a través de un colador de malla fina y rectifique la cantidad de azúcar.

93 Coulis de mango y piña

Rendimiento: 1 taza

Ingredientes

▶ ½ taza de cubos de mango ▶ ½ taza de cubos de piña ▶ 2 cucharadas de azúcar ▶ 1 cucharada de jugo de limón ▶ 1 cucharada de jugo de naranja

Procedimiento

Siga el procedimiento de la receta **92**.

94 Coulis de ciruela

Rendimiento: ¾ de taza

Ingredientes

▶ ¾ de taza de ciruela morada cortada en cubos ▶ 2 cucharadas de azúcar ▶ 3 cucharadas de agua ▶ canela molida, al gusto

Procedimiento

Siga el procedimiento de la receta **92**.

95 Salsa de manzana

Rendimiento: 2 tazas

Ingredientes

▶ 3 tazas de cubos de manzana sin cáscara ▶ 1 taza de jugo de manzana ▶ 1 cucharada de jugo de limón ▶ ¼ de taza de azúcar mascabado ▶ ½ cucharadita de canela molida

Procedimiento

Hierva todos los ingredientes durante 20 minutos. Licúelos hasta obtener una preparación homogénea y tersa.

96 Salsa de chocolate blanco

Rendimiento: 1²/₃ tazas

Ingredientes

▶ 1 taza de chocolate blanco picado ▶ ½ taza de leche ▶ 3 cucharadas de crema para batir ▶ 1 cucharada de miel de abeja

Procedimiento

Siga el procedimiento de la receta **98** sin añadir la mantequilla al final.

97 Glaseado brillante de chocolate para repostería

Rendimiento: 2 tazas

Ingredientes

▶ 1 cucharada de grenetina ▶ 2 cucharadas de agua + ²/₃ de taza de agua ▶ ²/₃ de taza de azúcar ▶ ¾ de taza de cocoa ▶ ½ taza de crema para batir

Procedimiento

Mezcle la grenetina con las dos cucharadas de agua, déjela reposar durante 5 minutos y derrítala en el microondas. Hierva durante 5 minutos a fuego alto los ingredientes restantes. Baje la intensidad del fuego y deje que la preparación se reduzca hasta obtener una salsa espesa y brillante que cubra el dorso de una cuchara y escurra muy lentamente. Fuera del fuego, incorpore la grenetina y deje enfriar el glaseado antes de utilizarlo.

98 Salsa de chocolate amargo

Rendimiento: 2 tazas

Ingredientes

▶ 1 taza de chocolate amargo picado ▶ ½ taza de leche ▶ 3 cucharadas de crema para batir ▶ 3 cucharadas de miel de abeja ▶ 2 cucharadas de mantequilla a temperatura ambiente (opcional)

Procedimiento

Derrita el chocolate a baño María o en el microondas. Hierva la leche con la crema para batir y la miel de abeja, cerciorándose de disolver bien esta última. Mézclela con el chocolate e incorpore la mantequilla, batiendo hasta que obtenga una consistencia tersa y brillante. Sirva la salsa caliente o tibia.

99 · Salsa de cajeta con tequila

Rendimiento: 2 tazas

Ingredientes

▶ 1 taza de cajeta ▶ 1 taza de la receta **88** ▶ 2 cucharadas de tequila ▶ ½ taza de nueces picadas

Procedimiento

Caliente la cajeta a baño María hasta que adquiera una consistencia líquida. Déjela entibiar y añádale la crema inglesa y el tequila. Coloque la preparación en una olla y cocínela sobre el fuego durante 10 minutos, moviéndola ocasionalmente. Fuera del fuego, incorpórele las nueces.

100 Salsa de caramelo

Rendimiento: 1⅓ tazas

Ingredientes

◗ ⅔ de taza de crema para batir ◗ 1 taza de azúcar ◗ ¼ de taza de agua ◗ 1 cucharadita de jugo de limón ◗ 1 cucharadita de extracto de vainilla ◗ ¼ de taza de leche (opcional)

Procedimiento

Hierva la crema para batir y resérvela caliente. Disuelva en un sartén sobre el fuego el azúcar, el agua y el jugo de limón. Posteriormente, deje reducir la preparación, sin mezclar, entre 6 y 8 minutos o hasta obtener un caramelo claro. Reduzca la intensidad del fuego. Incorpore al caramelo, con cuidado y rápidamente, un poco de la crema caliente. Después, vierta el resto de la crema poco a poco y continúe mezclando constantemente hasta que el caramelo se disuelva por completo y la salsa tenga una consistencia espesa y tersa. Deje enfriar la salsa e incorpórele el extracto de vainilla. Si desea adelgazar un poco su consistencia, añádale leche al gusto.

101 Salsa de caramelo salado

Rendimiento: 1½ tazas

Ingredientes

◗ ⅔ de taza de crema para batir ◗ 1 taza de azúcar ◗ ¼ de taza de agua ◗ 2 cucharadas de jarabe de maíz ◗ 1 cucharadita de extracto de vainilla ◗ ⅓ de taza de mantequilla fría cortada en cubos ◗ ½ cucharadita de sal.

Procedimiento

Siga el procedimiento de la receta **100**, sustituyendo el jugo de limón por el jarabe de maíz y añadiendo la mantequilla y la sal fuera del fuego, al final de la cocción.

RECETAS COMPLEMENTARIAS

Ramillete de hierbas

Ingredientes

◗ 4 ramas de perejil fresco ◗ 4 ramas de tomillo fresco ◗ 1 hoja de laurel

Procedimiento

Ate con un trozo de hilo cáñamo los ingredientes. Puede utilizar otras hierbas frescas, como romero, mejorana o cilantro.

Fondo de pollo
Rendimiento: 2 litros

Ingredientes

◗ 2 kg de huesos y retazos de pollo ◗ 2 dientes de ajo ◗ 1 cebolla troceada ◗ 1 zanahoria troceada ◗ 1 rama de apio troceada ◗ 1 Ramillete de hierbas ◗ ¼ de cucharadita de pimientas negras enteras ◗ 1 cucharadita de sal ◗ 3 litros de agua

Procedimiento

Hierva durante 20 minutos en una olla con suficiente agua los huesos y retazos de pollo, retirando constantemente las impurezas que se formen en la superficie. Saque los huesos y retazos de pollo del agua y enjuáguelos con agua limpia. Colóquelos en una olla de fondo grueso con el resto de los ingredientes y deje que la preparación hierva entre 2 y 3 horas, retirando las impurezas que se acumulen en la superficie. Cuele el fondo de pollo con una manta de cielo, déjelo enfriar y retire la grasa acumulada en la superficie.

Fumet de pescado
Rendimiento: 2 litros

Ingredientes

◗ 2 kg de huesos y cabezas de pescado ◗ 2 dientes de ajo ◗ 1 cebolla troceada ◗ 1 zanahoria troceada ◗ 1 rama de apio troceada ◗ 1 Ramillete de hierbas ◗ ¼ de cucharadita de pimientas negras ◗ 1 cucharadita de sal ◗ el jugo de ½ limón ◗ 1 taza de vino blanco ◗ 3 litros de agua

Procedimiento

Hierva durante 10 minutos en una olla con suficiente agua los huesos y cabezas de pescado, retirando constantemente las impurezas que se formen en la superficie. Saque del agua los huesos y cabezas de pescado y enjuáguelos con agua limpia. Colóquelos en una olla de fondo grueso con el resto de los ingredientes y deje que la preparación hierva durante 25 minutos, retirando las impurezas que se acumulen en la superficie. Cuele el *fumet* con una manta de cielo, déjelo enfriar y retire la grasa acumulada en la superficie.

Fondo oscuro de res
Rendimiento: 2 litros

Ingredientes

◗ 750 gramos de huesos de res, de ternera, de cordero, o una mezcla de éstos ◗ 1 cebolla ◗ 1 zanahoria troceada ◗ 1 rama de apio troceada ◗ 2 tazas de agua caliente ◗ 2 ramilletes de hierbas ◗ 2 pizcas de sal ◗ ¼ de cucharadita de pimientas negras enteras

Procedimiento

Precaliente el horno a 220 °C. Coloque en una charola para hornear los huesos y hornéelos durante 30 minutos. Añada a la charola la cebolla, la zanahoria, el apio y hornee durante 10 minutos más o hasta que los ingredientes estén dorados. Retire de la charola los huesos y las verduras, deseche con un papel absorbente el exceso de grasa que se haya acumulado en la charola y añádale el agua caliente. Raspe con una pala los trozos adheridos y vierta todo el líquido en una olla de fondo grueso. Añada los huesos y la verdura que reservó, así como suficiente agua fría para cubrir todos los ingredientes. Cuando el fondo hierva, añada los ramilletes de hierbas, la sal y la pimienta. Reduzca el fuego y deje que la salsa se cueza, retirando constantemente las impurezas que se formen en la superficie, entre 3 y 5 horas. Cuele el fondo a través de una manta de cielo. Déjelo enfriar y retírele la grasa de la superficie.

Utilice los fondos de inmediato o consérvelos en refrigeración durante 3 días, o en congelación hasta por 3 meses.

CONSERVACIÓN Y CONSEJOS

Salsas de mesa

▶ Ajuste en todas las salsas saladas la cantidad de picante, de jugo de limón y de sal y pimienta. También puede elegir si retira o no las semillas y las venas de los chiles.

▶ Sirva las salsas en salseras y conserve las crudas en refrigeración hasta por 3 días, y las cocidas hasta por 5 días, a menos que se indique lo contrario.

Salsas clásicas francesas

▶ Las salsas blancas elaboradas con base en mantequilla o huevo como la Salsa holandesa o la Salsa bechamel son ideales para bañar vegetales cocidos, huevos, pescados y pollo; es recomendable elaborarlas al momento y servirlas de inmediato, aunque también pueden mantenerse calientes sobre un baño María tibio.

▶ Las salsas clásicas a base de Salsa española o Salsa *demiglace* acompañan muy bien algunos pescados y distintos cortes de carne roja; sírvalas calientes y elabórelas al momento que se vayan a servir.

▶ Las salsas clásicas, con excepción de las salsas blancas, pueden conservarse en refrigeración hasta por 3 días, y en congelación hasta por 2 meses. Deberá rehidratar las salsas con un poco de fondo o de caldo al momento de recalentarlas.

Aderezos y vinagretas

▶ Guarde en recipientes herméticos las salsas botaneras, las salsas orientales y las salsas cátsup; consérvelas en refrigeración hasta por un mes.

▶ Guarde en recipientes herméticos las vinagretas y consérvelas a temperatura ambiente hasta por 2 semanas.

▶ Los aderezos elaborados con base en huevo, lácteos o mayonesa deben mantenerse en recipientes herméticos y en refrigeración hasta por 5 días.

Salsas dulces

▶ Varíe el sabor de las cremas inglesas y de los *coulis* de frutas añadiéndoles especias molidas como canela, pimienta, cardamomo, jengibre y clavo; o bien, con un toque de licores de fruta o destilados. Guarde estas salsas en recipientes herméticos y consérvelas en refrigeración entre 3 y 5 días; la salsa de manzana puede conservarse hasta por 2 semanas en refrigeración.

▶ Las salsas de chocolate pueden conservarse en refrigeración en un recipiente hermético entre 3 y 5 días. Estas salsas se endurecen cuando se enfrían, por lo cual deberá calentarlas a baño María para reutilizarlas.

ÍNDICE